# BEI GRIN MACHT SICH IHR WISSEN BEZAHLT

- Wir veröffentlichen Ihre Hausarbeit,
  Bachelor- und Masterarbeit

- Ihr eigenes eBook und Buch -
  weltweit in allen wichtigen Shops

- Verdienen Sie an jedem Verkauf

## Jetzt bei www.GRIN.com hochladen und kostenlos publizieren

**Bibliografische Information der Deutschen Nationalbibliothek:**

Die Deutsche Bibliothek verzeichnet diese Publikation in der Deutschen National-
bibliografie; detaillierte bibliografische Daten sind im Internet über http://dnb.d-
nb.de/ abrufbar.

**Impressum:**

Copyright © 2010 GRIN Verlag, Open Publishing GmbH
Druck und Bindung: Books on Demand GmbH, Norderstedt Germany
ISBN: 9783640603237

**Dieses Buch bei GRIN:**

http://www.grin.com/de/e-book/148636/das-verfassungssystem-im-antiken-sparta

Alexander Dumitru

# Das Verfassungssystem im antiken Sparta

GRIN Verlag

Ruhr-Universität Bochum
Historisches Institut
Seminar „IPS Herrschaftsformen Gruppe 2"
WS 2009/ 10

Bochum, den 19. 02. 2010

**Referatsverschriftlichung**

# Das Verfassungssystem im antiken Sparta

Alexander Dumitru
Geschichte/ Philosophie (BA)

# Inhaltsverzeichnis

# I. Einleitung

Die vorliegende Arbeit hat das Verfassungssystem des antiken Spartas zum Thema. Im Zentrum steht hierbei das sog. Doppelkönigtum, das eine einzigartige, singuläre Erscheinungsform in der griechischen Welt war.[1]

Ich werde die Position und die Funktionen dieses spartanischen Königtums innerhalb der spartanischen Verfassung und des Staates näher erläutern,

ich werde die einzelnen Organe und Institutionen der spartanischen Verfassung aufführen, gerusía, apélla und ephoroi, und das Ineinanderwirken und Interaktionen zwischen den Königen und den anderen Institutionen Spartas darlegen. Hierbei richte ich meine Aufmerksamkeit besonders auf die Rechte, Kompetenzen und Befugnisse der Könige, stelle ihre Herrschaft in Sparta dar, sofern in Falle Spartas überhaupt von einer Königsherrschaft die Rede sein kann, wie noch näher zu erläutern sein wird.

Den Abschluss dieser Arbeit bildet ein Fazit, in dem ich die während meiner Arbeit gewonnenen Kenntnisse noch einmal kurz zusammenfasse und eine persönliche Einschätzung des Doppelkönigtums in Sparta abgebe.

# II. Verfassungssystem im antiken Sparta

## 1) Doppelkönigtum

Wie in vielen antiken Themenbereichen ist auch bezüglich des Königtums in Sparta die Quellenlage dünn gestreut und ganz allgemein Wissen über die Könige vor 600 v. Chr. nur spärlich vorhanden. Herodot liefert einige Informationen, die vor allem die Aufgaben und Privilegien der Könige beschreiben. Jedoch entspricht seine Schilderung, neueren Forschungen nach zu urteilen, in mancher Hinsicht nicht den tatsächlichen Gegebenheiten.

Die ausführlichsten Beschreibungen des spartanischen Doppelkönigtums finden sich in den Werken Xenophons, die bei der Anfertigung dieser Arbeit auch Verwendung fanden.[2]

---

[1] Klaus Bringmann: Die soziale und politische Verfassung Spartas. Ein Sonderfall der griechischen Verfassungsgeschichte?, in: (Hrsg.) Karl Christ: Wege der Forschung, Bd. 622, Darmstadt 1986, S. 449.
[2] 1. Xenophon: Hellenika, übers. von Gisela Straßburger, München 1970; 2. Xenophon: Die Verfassung der Spartaner, hrsg. u. übers. von Stefan Rebenich, in: Texte zur Forschung, Bd. 70, Darmstadt 1998, S. 50ff.

## 2) Die Könige im Verfassungssystem

*Lykurg* gibt in der Eunomia eine bestimmte Herrschaftsfolge vor, wonach (in dieser Reihenfolge) die Könige (*archagetai*)[3], *Gerontés* und Spartiátai[4] herrschen sollten. Diese Ordnungsvorstellung war auch in der *Großen Rhetra* zu finden, welche unter anderem das Königtum absicherte. Das spartanische Verfassungssystem sah im Wesentlichen das Ineinanderwirken verschiedener Organe vor.

Neben den Königen und der *Gerusia*[5] gab es fünf *Ephoren*, die die Beschlüsse der Könige zwar kontrollierten, jedoch deren Macht und Vorrangstellung akzeptierten. Das Verhältnis zwischen Königen und Ephorat war stets von Unstimmigkeiten geprägt. Ein monatlicher Schwur sollte die Könige darauf verpflichten, ihre Herrschaft nach den Gesetzen auszurichten, während die Ephoren im Gegenzug schworen, die Königsherrschaft zu bewahren.

Die Könige waren gleichzeitig Mitglieder der *Gerusia*. Konnten sie bei Versammlungen nicht anwesend sein, wurden ihre Stimmen auf Verwandte innerhalb dieses Rates übertragen.[6] Die *Gerusia* kontrollierte die Könige und stellte den höchsten Gerichtshof dar, vor welchem jene angeklagt werden konnten. Den Königen unterstand zudem das Heer, über welches sie als Feldherren die Befehlsgewalt innehatten.

## 3) Königtum in Sparta

Wichtigstes Merkmal des Königtums in Sparta war das so genannte Doppelkönigtum.

Dessen Sinn lag unter anderem darin, die königliche Macht zu beschränken. Die beiden Geschlechter der *Agiadai*[7] und *Eurypontidai*[8] stellten jeweils einen König, welche zusammen in Form einer Doppelherrschaft auf Lebenszeit regieren konnten, wobei die *Agiadai* das höhere Ansehen genossen.[9]

Die beiden Könige waren theoretisch gleichrangig und besaßen den gleichen Machtspielraum. In der Praxis jedoch wechselten die Machtverhältnisse oft und wurden nicht selten auf die jeweiligen Nachkommen übertragen.

Stets hatte einer der Könige die alleinige Gewalt, der andere konnte immer nur versuchen, Ausgleich zu schaffen. Eine Heirat zwischen den beiden Königshäusern, welche einen

---

[3] Karl-Wilhelm Welwei: Sparta. Aufstieg und Niedergang einer antiken Großmacht, Stuttgart 2004, S. 60.
[4] Karl Wilhelm Welwei: Art. Sparta, in: DNP, Bd. 15(2003) Sp. 153-180.
[5] Karl Wilhelm Welwei: Art. Gerusia, in: DNP, Bd. 4(1998) Sp. 979-980.
[6] Stefan Link: Der Kosmos Sparta. Recht und Sitte in klassischer Zeit, S. 54ff.
[7] Karl-Wilhelm Welwei: Art. Agiadai, in: DNP, Bd. 1(1996), Sp. 256- 257.
[8] Stefan Link: Der Kosmos Sparta. Recht und Sitte in klassischer Zeit, Darmstadt 1994.
[9] Klaus Bringmann: Die soziale und politische Verfassung Spartas. Ein Sonderfall der griechischen Verfassungsgeschichte?, in: (Hrsg.): Karl Christ: Wege der Forschung, Bd. 622, Darmstadt 1986, S. 449ff.

eventuellen Ausgleich geschaffen hätte, war nicht erlaubt, da der Wunsch der *Spartiátai*[10] nach zwei Königshäusern bestand.

*Königslisten*

Glaubwürdige Königslisten gab es erst etwa seit dem 6. Jahrhundert v. Chr. Jene davor sind nicht selten von antiken Geschichtsschreibern nach Belieben zusammengestellt und an unbekannten Stellen in der Genealogie notdürftig zusammengehalten worden. So entsteht der Anschein, dass es bis etwa 600 stets direkt vom König abstammende Nachfolger, seine Söhne, gab, während nach dieser Zeit nicht mehr unbedingt ein eigener Sohn als legitimer Nachfolger auftrat.

## 4) Aufgaben und Privilegien der Könige

Die Könige besaßen zwei wesentliche Aufgaben: die Heeresführung und die Erkundung des göttlichen Willens.

→*Führung des Heeres*

Seit 505 v. Chr. stand bei Kriegszügen nur noch ein zuvor vom Volk gewählter König dem Heer vor. Seit den Perserkriegen wurde er gelegentlich von zwei Ephoren begleitet, welche seine Entscheidungen kontrollierten, jedoch während des Kriegszuges nicht eingreifen durften. Danach war es den Ephoren erlaubt, den König anzuklagen, falls Sie ein Fehlverhalten bemerkt zu haben glaubten.[11] Der Reichtum der Könige kam daneben, dass sie zusätzlich zum reichen Besitz ihrer Familie und dem jeweiligen König zur Verfügung stehenden Landbesitz im Periökengebiet einen bevorzugten Anteil an der Beute ihrer Feldzüge nehmen durften.

→*Erkundung des göttlichen Willens*

Als Nachfahren der Herakleiden verwalteten die Könige bestimmte Priesterämter (*Zeus Lakedaimonios* und *Zeus Uranios*) und hatten *Pythier* (Boten), durch die sie mit dem delphischen Orakel in Verbindung standen und die die Orakelsprüche aufbewahrten. Weitere Privilegien waren die Rechtsprechung (so konnten sie reiche Erbtöchter verheiraten und

---

[10] Karl-Wilhelm Welwei: Art. Spartiátai, in: DNP, Bd. 15 (2003), Sp. 796.
[11] Stefan Link: Der Kosmos Sparta. Recht und Sitte in klassischer Zeit, S. 57ff

Adoptionen hatten in ihrer Anwesenheit zu geschehen)[12] und die Zuständigkeit für die Durchführung öffentlicher Opfer.[13] Sie waren als einzige im Kindesalter von der Agoge ausgenommen.[14] Darüber hinaus erhielten sie besondere Abgaben von Opfergegenständen und einen Ehrenplatz beim Gemeinschaftsmahl. Wenn ein König sich näherte, mussten sich alle Anwesenden (bis auf die Ephoren) erheben. Starb der König, so wurde sein Leichnam, wenn er sich zuvor auf dem Kriegsfeld befunden hatte, in Honig konserviert nach Sparta überführt, ein Privileg, welches nur den Königen zustand. Die Spartiaten sowie die Heloten[15] und einige *Períokoi*[16] waren verpflichtet, an der Beerdigung teilzunehmen, und während der folgenden allgemeinen Trauer, die zehn Tage andauerte, stand das offizielle Leben still. Die toten Könige schließlich wurden heroisiert.

## 5) Organe der spartanischen Verfassung

### I. Gerusia

Die *Gerusia* war ursprünglich der Ältestenrat[17] im antiken Sparta und bildete eine der drei Institutionen der spartanischen Verfassung. Sie war eine Versammlung von 28 Angehörigen der *Spartiátai,* welchen ein Mindestalter von 60 Jahren vorgeschrieben wurde, dazu die beiden Könige. Durch die *Große Rhetra* wurde die *Gerusia* im 7. Jahrhundert v. Chr. zu einem dauerhaften und zentralen Staatsorgan aufgewertet. Die eingesetzten Mitglieder wurden auf Lebenszeit von der spartanischen Volksversammlung (*apella*) gewählt.

Die *Gerusia* galt als vorberatendes Organ. Ihre Kompetenzen erstreckten sich auf politische und juristische Bereiche. Die Gerusia beriet, welche Anträge der Volksversammlung zu unterbreiten waren und welche nicht. Somit war sie an allen staatstragenden Geschäften und bindenden Beschlüssen beteiligt. Besonders bedeutend war sie für die strafrichterlichen- sowie für die Kapitalprozesse, die mit der Todesstrafe, Verbannung oder dem Verlust des Bürgerrechts geahndet wurden. Die Fälle liefen in Zusammenarbeit mit den *Ephoroi* ab. Durch überlieferte Prozesse wird die Bestechlichkeit der Gerusia bestätigt. Bereits im 7. Jahrhundert konnte die Gerusia der Volksversammlung Anträge vorlegen (Plutarch). Die Geronten hatten ebenfalls das Recht, Beschlüsse der Volksversammlung zu widerrufen bzw.

---

[12] Klaus Bringmann: Die soziale und politische Verfassung Spartas. Ein Sonderfall der griechischen Verfassungsgeschichte?, in: (Hrsg.): Karl Christ: Wege der Forschung, Bd. 622, Darmstadt 1986, S. 451.
[13] Stefan Link: Der Kosmos Sparta. Recht und Sitte in klassischer Zeit, S. 56ff.
[14] Karl Wilhelm Welwei: Art. Agoge, in: DNP, Bd. 1 (1996) Sp. 265.
[15] Karl-Wilhelm Welwei: Art. Heloten, in: DNP, Bd. 5 (1998) Sp. 333. 336.
[16] Karl-Wilhelm Welwei: Art. Periokoi, in: DNP, Bd. 9 (2000), Sp. 582- 583.
[17] Aristoteles: Politik: 2,9, übers. u. erl. von Eugen Rolfes, Hamburg 1981, 63ff.

zu verhindern. Mit ihren Vorberatungs- und Verhinderungskompetenzen bildeten die Geronten eine wichtige Schnittstelle im spartanischen Staat.

Doch tritt die Gerusia in der Klassischen Zeit (500-336 v. Chr.) in den Überlieferungen nicht häufig auf. Aristoteles kritisiert die spartanische Gerusia im 4. Jahrhundert auf das Schärfste und bemängelt neben dem seiner Meinung nach viel zu hohen Alter der Gérontes[18] auch das „kindische" Auswahl- verfahren.[19]

## III. Ephoroi

Ephoroi (φορος, „Aufseher") waren Beamte im antiken Sparta. Die Funktion des Ephorates ist nicht genau bekannt. Die Posten der Ephoren wurden wahrscheinlich auf Drängen der *Apella* geschaffen, um der Macht der *Gerusia* und der Könige etwas entgegenzusetzen. Die Ephoren riefen die Volksversammlung ein und organisierten die Debatten. Die Könige überließen den Ephoren Teile der zivilen Rechtsprechung. Die Ephoren traten auch als Ankläger in schweren Vergehen und staatlichen Prozessen in der *Gerusie* auf. Sie überwachten die Ernährung und die Gesundheit wie auch das Aussehen der jungen Männer. Gewählt wurden die fünf Ephoren von jedermann, auch konnte sich ein jeder Vollbürger zur Wahl stellen. Hiervon ging ein besonderer partizipativer Reiz des ganzen Systems aus, da für andere Posten starke Beschränkungen galten (Abstammung der Könige, Alter über 60 der *Gérontes*). Die Könige und das Ephorat waren Garanten für den Bestand des Staates, diese Aufgabe wurde zwischen diesen beiden Institutionen durch einen monatlichen Eid stets aufs Neue bekräftigt. Es wurden jedes Jahr fünf neue Ephoren gewählt.

Ihre Entscheidungen fällten sie mehrheitlich in ihrem Gremium. Dies konnte auch bedeuten, dass sich Spartas Politik jederzeit ändern konnte, wenn eine Ephoren-Stimme umschwenkte. So z.B. im Jahre 403 v. Chr. als *Pausanias* drei der Ephoren überredete, eine Armee nach Attika zu senden. Dies war eine totale Kehrtwendung zu *Lysanders* und auch der damaligen Politik Spartas.[20]

Die Ephoren spielten in der Außenpolitik eine bedeutende Rolle. Sie führten die Verhandlungen mit ausländischen Delegationen und bestimmten, wer von den Gesandten vor der Apella sprechen durfte.[21] Die Spartaner zeigten ihre Wertschätzung für die Ephoren, indem sie das laufende Jahr nach dem Vorsitzenden der Ephoren nannten. Die Ephoren

---

[18] Karl-Wilhelm Welwei: Art. Gerontes, in: DNP, Bd.4 (1998), Sp. 976.
[19] Stefan Link: Der Kosmos Sparta. Recht und Sitte in klassischer Zeit, Darmstadt 1994, S. 76ff.
[20] Donald Kagan: The Outbreak of the Peloponnesian War, S. 29, New York 1969.
[21] Karl-Wilhelm Welwei: Sparta. Aufstieg und Niedergang einer antiken Großmacht, S. 85ff.

wurden im Laufe der Zeit zu einflussreichen Beamten. Zwei von ihnen begleiteten auch die Könige bei deren Kriegszügen. Ob das der Überwachung des Herrschers diente, ist unbekannt.

Es sind Fälle bekannt, in denen die Ephoren schwere Strafen bis zur Verbannung gegen spartanische Könige aussprachen; nach *Poseidonios* waren sie in Einzelfällen sogar zur Tötung des Königs befugt. Um Machtmissbrauch vorzubeugen, war die Amtszeit der Ephoren auf die Spanne von einem Jahr beschränkt, deren Verlängerung nicht möglich war. Die Ephoren genossen während ihrer Amtszeit Immunität, diese erlosch allerdings nach einem Jahr. Die Nachfolger in diesem Amt konnten die ehemaligen Ephoren dann wegen Amtsvergehen belangen. Verdiente bzw. angesehene ehemalige Ephoren konnten nach ihrer Amtszeit zum Geronten ernannt werden.[22]

Unter der Herrschaft der Makedonen und später der Römer verschwand das Ephorat aus dem Leben Spartas.[23]

# IV. Apella

Die so genannte Apella war die Volksversammlung des antiken Sparta.

Zur Teilnahme an der Volksversammlung war jeder männliche spartanische Vollbürger (Spartiat) über 30 Jahren berechtigt, dem dieses Recht nicht aberkannt worden war.[24] Perioöken und insbesondere Frauen und Heloten waren von ihr ausgeschlossen.

Während in früherer Zeit wohl die Könige den Vorsitz führten, ging dieser im 6.Jahrhundert an die Ephoren über, welche die Volksversammlung von da an auch einberiefen.[25] Getagt wurde, nach Vorgabe der *Rhetra*, offenbar monatlich, evtl. bei Vollmond. Abstimmungen wurden in archaischer Weise nach der Lautstärke entschieden, in der sich die jeweiligen Verfechter oder Ablehner einer Vorlage mit Rufen oder Gebrüll „äußerten". Im Zweifelsfall über das Ergebnis geschah die Stimmabgabe durch so genannten Hammelsprung.

Formal war sie die oberste Entscheidungsinstanz, hatte aber in Fragen der aktuellen und auswärtigen Politik letztendlich wenig Eintscheidungsspielraum, da sie in ihrem Beschluss an die Vorlagen der beiden Könige, der Geronten und insbesondere der Ephoren gebunden war.

---

[22] Stefan Link: Der Kosmos Sparta. Recht und Sitte in klassischer Zeit, Darmstadt 1994, S. 64ff.
[23] Karl- Wilhelm Welwei: Art. Ephoroi, in DNP, Bd. 3 (1997), Sp. 1087- 1089.
[24] Der Ausschluss von den Syssitien oder auch „Feigheit vor dem Feinde" im Krieg konnten zum Verlust des Bürgerrechts und damit die politische Teilhaberechte führen.
[25] Lukas Thommen: Sparta. Verfassungs- und Sozialgeschichte einer griechischen Polis, Stuttgart, 2003, S. 110.

Im Allgemeinen war ihre Zustimmung zu Gesetzen und anderweitigen Beschlüssen jedoch notwendig, auch was beispielsweise die Entscheidung über Krieg und Frieden betraf.[26] Die Volksversammlung wählte des Weiteren alle Beamten des lakedaimonischen Staates, so vor allem die *Gerontés* und die *Ephorioi*.

Das Wahlverfahren entsprach dem allgemeinen Abstimmungsmodus: die durch die Regierungsbehörden im Vorfeld ausgewählten Kandidaten wurden den anwesenden Bürgern vorgeführt und die Wahl gewann derjenige, der vom damos (lakonisch Volk) den größten Zuspruch erhielt. In strittigen Fällen der Thronfolge der Königshäuser entschied die Versammlung über den zukünftigen König.

Da den Bürgern offenbar kein Rede- oder Antragrecht zukam[27] und so in der Apella also normalerweise nicht debattiert wurde (im Unterschied zu Athen), brachten nur die Geronten und Ephoren Anträge ein, über welche die Spartiaten in der Folge abstimmen konnten. Sofern Diskussionen der Apella überliefert sind, scheinen sie sich auf die Vertreter der Behörden und fremde Gesandte zu beschränken,[28] die eventuell sogar um das Votum des Volkes „rangen", welches nach Abschluss der Debatten gefällt wurde.[29]

Obgleich die Gesetzgebung eine Hauptaufgabe der Volksversammlung war, sind konkrete Gesetze nur spärlich überliefert. Insbesondere die schriftliche Aufzeichnung von Gesetzen soll verpönt und/oder verboten gewesen sein.[30]

# V. Fazit

Trotz ihrer politischen Ohnmacht bildeten die Könige Spartas die Spitze des Staates und waren für seinen Fortbestand unverzichtbar.

Da Sparta eine streng hierarchisch aufgebaute Gesellschaft von Kriegern war und sich während seiner gesamten Geschichte nahezu immer in militärischen Auseinandersetzungen befand, waren die Könige als Spitze der Gesellschaft und Heerführer entsprechend unabdingbar, und konnten, politisch zwar eher machtlos, trotzdem ihre gesellschaftliche Stellung, durch ihre Funktion als Heerkönige, behaupten.

Eine Spitze des durch und durch militärisch strukturierten spartanischen Staates hätte gefehlt, wenn nicht die Könige sie verkörpert hätten.

---

[26] Vgl. Thommen, S. 108.
[27] Vgl. Aristoteles: Πολιτικά, 1272a 10-12.
[28] Vgl. Thommen, S. 109.
[29] Stefan Link: Der Kosmos Sparta. Recht und Sitte in klassischer Zeit, Darmstadt 1994, S. 71ff.
[30] Karl Wilhelm Welwei: Art. Apella, in DNP, Bd. 1 (1996) Sp. 827.

Auch wenn ihre Kompetenzen eingeschränkt waren, konnten sich die Könige Spartas im Rahmen ihrer Möglichkeiten, außen-, wie innenpolitisch profilieren.

Als Heerführer bot sich ihnen der militärische Weg, sich außenpolitisch zu profilieren; um innenpolitisch Profil zu zeigen, boten sich den Königen die traditionellen *Syssitien* bzw. *Phiditien*[31] (Gastmähler) als Forum an.

Die Stellung der Könige war jedoch zwiespältig.

Sparta hatte, wie viele andere griechische *poleis* auch, in seiner Frühgeschichte eine Zeit erlebt, in der die Könige die alleinige Herrschaft innehatten. Im Laufe der Jahrhunderte jedoch institutionalisierte sich die spartanische Gesellschaft, es bildete sich die *apélla*, die *gerusía* und zuletzt das Ephorat, welche zusammen dem Königtum erhebliche politische Kompetenzen abnahmen. Dadurch büßten die Könige Spartas an politischer Bedeutung ein, jedoch nicht an gesellschaftlicher, da eine streng hierarchische Gesellschaft wie Sparta eine Spitze unbedingt erforderlich machte.

Diese Spitze wurde traditioneller Weise durch die Könige verkörpert.

Die spartanischen Könige behaupteten ihre Position im spartanischen Staat ausschließlich mit ihrem gesellschaftlichen Rang, der in Sparta der höchste und vornehmste war. Niemand zweifelte diesen Rang an, niemand machte den Königen ihre Position als Spitze der spartanischen Gesellschaft und als Heerkönige streitig.

Durch den beschriebenen Zwiespalt zwischen politischer und gesellschaftlicher Bedeutung der Könige, zeigt sich deutlich, dass Staat und Gesellschaft in Sparta auseinanderklafften. Die Spitze der Gesellschaft bildeten die Könige, die Spitze des Staates aber bildeten sie nicht. Die spartanische Gesellschaft konnte nicht auf sie verzichten, die spartanische Politik aber kam ohne sie aus.

---

[31] Aristoteles: Politik, übers. u. hrsg. von Eugen Rolfes, 2,9, S. 64.

# VI. Literatur- und Quellenverzeichnis

*Literatur*

Andrews, Anthony: Die Regierung des klassischen Sparta, in: Christ, Karl(Hrsg.): Wege der Forschung, Bd. 622, Darmstadt 1986, S. 290- 316.

Baltrusch, Ernst: Sparta. Geschichte, Gesellschaft, Kultur, München 2003.

Bringmann, Klaus: Die Große Rhetra und die Entstehung des spartanischen Kosmos, in: Christ, Karl(Hrsg.): Wege der Forschung, Bd. 622, Darmstadt 1986, S. 351- 386.

Bringmann, Klaus: Die soziale und politische Verfassung Spartas. Ein Sonderfall der griechischen Verfassungsgeschichte?, in: Christ, Karl(Hrsg.): Wege der Forschung, Bd. 622, Darmstadt 1986, S. 448- 467.

Clauss, Manfred: Sparta. Eine Einführung in seine Geschichte und Zivilisation, München 1983.

Link, Stephan: Der Kosmos Sparta. Recht und Sitte in klassischer Zeit, Darmstadt 1994.

Luther, Andreas: Könige und Ephoren. Untersuchungen zur spartanischen Verfassungsgeschichte, Frankfurt a. M. 2004.

Thommen, Lukas: Lakedaimonion politeia. Die Entstehung der spartanischen Verfassung, Stuttgart 1996.

Welwei, Karl-Wilhelm: Die griechische Polis. Verfassung und Gesellschaft in archaischer und klassischer Zeit, Stuttgart 1983.

Welwei, Karl-Wilhelm: Art. Sparta, in: DNP, Bd. 15 (2003) Sp. 153- 180.

Welwei, Karl-Wilhelm: Sparta. Aufstieg und Niedergang einer antiken Großmacht, Stuttgart 2004.

*Quellen*

Aristoteles: Politik, Hrsg: Eugen Rolfes, Hamburg 1981, S. 59- 66.

Xenophon: Hellenika, übers. von Gisela Straßburger, München 1970.

Xenophon: Die Verfassung der Spartaner, hrsg. u. übers. von Stefan Rebenich, in: Texte zur Forschung, Bd. 70, Darmstadt 1998.